「내 안의 너」

●─화회도

●─화회도

●─화회도

●─모란도

● 화조도(민화)

● 뜨락(파스텔화)

● 모란도

● 약리도

● 연화도

● 초충도

● 화조도

● 어해도

● 장생도

● 수 문자도

●─원앙연지도

●─화조도

내 안의 너

신민숙 시조집

한강

시인의 말

봄 햇살이 곱다.
겨울 강을 건너서일까.
자연은 나에게 고마운 친구다.
대자연의 품에서 보고 듣고 느끼는
일상들이 모두 소중하여라.
'내 안의 너'
내 안을 두드리는 너는 대자연,
형체가 있기도 하고 형체가 없기도 하다.
퇴임 후 취미로 그렸던 민화 몇 점도 함께 실어 본다.

코로나19, 밝은 내일이 오리라 기대하며 지인들, 친구들, 가족과 함께 희망의 빛을 향해 함께 걷고 싶다.

2021년 초여름
도경道炅 신민숙

신민숙 시조집 　　　　　　　　　내 안의 너

□ 시인의 말

제1부 내 안의 너

가을 문턱 ──── 21
갈색 향기의 숲 ──── 22
감자꽃 ──── 23
개미 ──── 24
경포호 달빛 ──── 25
고마운 대자연 ──── 26
고향의 쉼터 ──── 27
그리운 발자취 ──── 28
긍정의 동그라미 ──── 29
내 안의 너 ──── 30
노을 ──── 31
대청호 기행 ──── 32
둥근달 보며 ──── 33
바다의 달빛 ──── 34
손짓하는 바다 ──── 35
아버지 마음 ──── 36
유채꽃밭 ──── 37
장닭 울음 ──── 38
초가을 어느 날 ──── 39
태풍아 미안해 ──── 40

내 안의 너　　　　　　　　　　　　　신민숙 시조집

41 ── 풀벌레 소리
42 ── 할머니의 대화
43 ── 함박눈
44 ── 흐르는 달빛

제2부 그리운 소리

47 ── 가을 향기
48 ── 거울 속 친구
49 ── 겨울바람
50 ── 계절의 환승역
51 ── 귀여운 참새
52 ── 그리운 소리
53 ── 기다리는 마음
54 ── 까치밥
55 ── 딱따구리 집짓기
56 ── 내 고향 좋아
57 ── 노을이 고와요
58 ── 노인
59 ── 돌탑
60 ── 따스한 봄
61 ── 멋쟁이 담장
62 ── 바다는 내 친구

신민숙 시조집 내 안의 너

봄비 오는 날 ——— 63
사랑의 포만감 ——— 64
새벽의 빛줄기 ——— 65
솔바람 명화 ——— 66
열어야 보이네 ——— 67
정겨운 산천 ——— 68
창밖의 젊은 날 ——— 69
한 권의 책 ——— 70

제3부 삶의 빛

가는 정 오는 정 ——— 73
가을날의 산책 ——— 74
건강하세요 ——— 75
고향의 정자 ——— 76
나 몰라라 ——— 77
나누면 기쁜 마음 ——— 78
넘치네 ——— 79
독서 대전 그날에 ——— 80
등대 ——— 81
물의 찬가 ——— 82
백사장의 파도 ——— 83
사랑의 빗줄기 ——— 84

내 안의 너 　　　　　　　　　　신민숙 시조집

85 ──── 산국화
86 ──── 삶의 빛
87 ──── 새벽 바다의 사랑
88 ──── 새장 속 풍경
89 ──── 새해 해맞이
90 ──── 경포호 물결
91 ──── 시 낭송의 밤
92 ──── 아늑한 포구
93 ──── 옛 친구
94 ──── 음악이 있는 아침
95 ──── 차 한 잔
96 ──── 여명

제4부 **그날의 기도**

99 ──── 가을날의 항구
100 ──── 감자밭
101 ──── 결실의 행복
102 ──── 군자란
103 ──── 그날의 기도
104 ──── 꽃망울
105 ──── 낮달
106 ──── 너울성 파도

신민숙 시조집 내 안의 너

농촌 겨울잠 ——— 107
동창회 ——— 108
바다는 성모님 ——— 109
버리려던 조끼 ——— 110
승화된 사랑 ——— 111
바다시 낭송회 ——— 112
양파 싹 ——— 113
웃음소리 ——— 114
월파정 ——— 115
추억 앨범 ——— 116
카페 풍경 ——— 117
코로나19 ——— 118
특이한 방생 ——— 119
일상의 아픔 ——— 120
홍등 감나무 ——— 121
화초 가꾸기 ——— 122

제5부 흐르는 마음

고양이 산호 ——— 125
그날의 해갈 ——— 126
그리운 애완동물 ——— 127
길가의 금계국 ——— 128

내 안의 너　　　　　　　　　　신민숙 시조집

129 ─── 나 언제 그렇게
130 ─── 낙엽
131 ─── 노을빛 시간
132 ─── 달맞이
133 ─── 바다 이야기
134 ─── 밤섬의 파도
135 ─── 벚꽃 나들이
136 ─── 보내는 가을
137 ─── 봉사의 천사들
138 ─── 산마을 친구
139 ─── 섬 하나
140 ─── 실개천 나들이
141 ─── 여름을 보내며
142 ─── 잉어 밥
143 ─── 초봄의 빗소리
144 ─── 카톡 인사
145 ─── 태풍
146 ─── 한결같아라
147 ─── 흐르는 마음

□ 해설_남진원

내 안의 너 　제1부

가을 문턱

또르르 굴러오는 풀벌레 가을 소리

어느새 가을인가 반짇고리 찾아 열고

늘어난 밥상보 섶을
꼭꼭 여며 깁는다

그리움은 베란다의 난잎 위에 머무는가

가늘어진 햇살 따라 폭염은 살피다가

머릿결 올려 감으며
귀향 준비 바쁘다

갈색 향기의 숲

산길을 오를 때면 눈감고도 마주친다
산골짝 나목 사이 소리 없이 내려앉은
지난날 푸른 맥박으로 화사했던 잎새들

벌레들과 산짐승의 포근한 안식처 되어
사랑의 숨결을 조용히 토해 낸다
빛바랜 숲의 색깔은 관용으로 넉넉하다

무수한 비바람은 잠시 스치는 꿈이었다
밟혀도 솟아나는 푸른 영혼 가슴에 안고
새 생명 용틀임한다, 숲속의 갈색 향기

감자꽃

고결한 매화 향기 화사한 벚꽃 웃음
향긋한 아카시아꽃 밤꽃 내음 진동해도
하이얀 감자꽃으로 스미는 정情 무슨 까닭

화사함도 향긋함도 지닌 꽃은 아니지만
해맑은 그 모습 정 가득한 푸르름
알알이 양식이 되니 이 어찌 귀치 않으리

개미

커다란 먹이 물고
땡볕에 시멘트 길을

장마엔 넘치는 물
가로질러 제집 찾는

그 마음 읽을 때마다
발걸음을 조심한다

경포호 달빛

경포호 물결 위로 달빛 윤슬 부시다

비단 위의 황금 무늬 부드러운 춤사위

오소소
바람이 일며
발그레 흐르는 파장

황금 색조 너울너울 적막이 깊어지면

언젠가 돌아와 만나자던 친구 생각

경포호
깊은 가슴에
정情과 적寂이 흐른다

고마운 대자연
— 2020년 봄

코로나19
무거운 맘,
뒤뜰로 나가 본다

새소리는
청량하고
온갖 꽃이 활짝 웃네

고맙다
변함없는 대자연
너희 보며 힘낼게

고향의 쉼터

내 고향 하시동엔 솔향기 가득하여

산새들 날아들고 바람이 쉬어 간다

뒷동산
미려美麗한 정자
만인의 쉼터여라

그리운 발자취

여명에 몸 불리고 물소리에 귀 열으니

걸어온 길 걸어갈 길 사방팔방 직선 곡선

그 세월
장단과 고저
어머니 내 어머니

심지 하나 붙들고 혼을 깔고 걸으시며

서성이는 마음일랑 황망히 묶어 버린

절여진
진한 모성애,
목줄기로 그리움이

긍정의 동그라미

빗방울이 연못에 동그라미 그린다

언제나 같은 마음 가위표는 없지요

한 개만 그리지 않고 겹으로 동글둥글

부정의 마음은 내려올 때 버렸어요

다양한 넓은 세상 제각각 아름답네

일곱 색 무지개처럼 어우러진 조화로움

내 안의 너

왜가리 한 마리 경포호수 언저리에

명상에 잠겼는가 망연히 호수를,

어제의
물결이 아닌
급물결에 허탈감

노을

일몰 시각 지났건만 바삐 가지 못하는

바알간 눈시울 서녘에 걸려 있다

따스히
품어 안아야 하는
그곳 향해 잠시라도

대청호 기행

대나무 숲 지나니 산철쭉이 노래하고

황매화는 손을 잡고 제라늄은 콧노래

때 이른 단풍나무잎 가을 악수 청하네

돌다리 위 공원엔 지난해 낙엽들이,

소나무 사이사이 대청호의 잔물결 보며

정자에 걸터앉으니 그 옛날의 선비여라

둥근달 보며

미사 후 귀갓길에 휘영청 보름달이

어릴 적 명절날 앞동산에 올랐던 달

쟁여진 어릴 적 추억 저 달 속에 흐른다

명절엔 이웃 돌며 음식을 나누었지

이타利他의 마음으로 이웃 사랑 실천하자는

오늘의 강론 말씀이 둥근달에 담겨 있네

바다의 달빛

경포 바다 품에 안긴 그윽한 둥근달

지난날 친구 재회 엮어 내며 금색 사설

휘영청
달빛에 안긴 출렁이는 이야기

황금물결 조람하는 백사장의 너와 나

서로를 털어내고 나래 펴는 새가 되어

경포해海
파도 타고 흐르며 긴긴밤을 밝히리

손짓하는 바다

창가로 들어오는 푸른 바다 이곳에
살고 싶어 결정한 건 손짓하는 바다 물결
그 외엔 무조건 합격, 끌림이란 간단하네

해변 도로 소나무와 그윽한 달빛 물결
돛단배와 갈매기 백사장의 하얀 파도
때로는 바다 속울음 그것까지 아름다운

드넓은 수평선의 푸르름이 손짓하니
먹먹할 땐 비상하는 갈매기로 달려갈게
정다운 오래된 친구, 그 빛깔 그 맛이야

아버지 마음

어린 시절 청수淸水 뜨러 달려갔던 우물가

정월대보름 이른 새벽 여명 속의 불호령

샘물은 먹물이 되어
숨 고르며 글을 썼네

지금도 정월대보름 저절로 붓을 잡으니

글자엔 정성 가득 그림엔 환한 마음

그때의
아버지 마음
이제야 느낍니다

유채꽃밭

유채꽃 한 밭 가득
노오란 촛불들

나지막이 물결 인다
올올이 타는 눈물

젖은 눈
다독이며 보듬네,

노란 리본 화르르

장닭 울음

서해안 마을 어귀 우렁찬 장닭 울음

아침부터 정오까지 뽑아 올린 힘찬 소리

시간을 뛰어넘었네
깨우침의 외침 소리

새벽만의 울림으로 부족하여 한낮에도

고하노라 알리노라 사람들아 일어나라

하얗게 뒤집어지며
파도 타는 장닭 울음

초가을 어느 날

찻잔에 녹아 들은 가을 기운 반기며

따스한 차를 우려 지친 마음 다독일 때

청명한 벌레 소리는 어제를 동여맨다

열매 맺던 고된 시간 차 향기로 풀어내며

폭염에 긁힌 자국 선들바람 씻어 주니

상큼한 가을 맞으며 지난 갈증 지우리

태풍아 미안해
— 9호 마이삭

푸르른 바다에 너울대는 큰 물결

밤사이 귓가에 태풍의 행진곡이

휘모리
돌풍의 장단
창문을 흔드누나

다 못한 이야기를 폭우로 쏟아내며

반기지 않는 것에 외로워진 강풍

오금을 다시 펴본다 순풍 되어 만나자

풀벌레 소리

한여름 더위 속에 풀벌레의 노래 있다

마음의 짐 버린 듯이 청아하고 정갈하네

그 소리
진초록 청수淸水 되어
등목하듯 시원하다

더위에 표류하던 중심축의 흐트러짐

노랫소리 그 운율에 저절로 힘 솟으니

내면의
신선한 리듬
샘물처럼 흐르네

할머니의 대화

앞마당 잔디밭 가장자리 돌거북이

구부정한 할머니 지팡이 짚고 아침마다

등덜미 쓰다듬으며 무슨 대화 하실까

함박눈

하이얀 산천에 힘찬 필력 날리더니

바위와 소나무 정자와 산책로

한 폭의
정갈한 산수화가
앞뜰에 걸렸구나

흐르는 달빛

한밤중 눈을 뜨니 창가에 환한 미소

일상의 다변화를 고요하게 잠재우며

마음을 내려놓아요,
깊은 숙면 도닥인다

하루 종일 뛰어놀다 포근히 잠든 시간

어머닌 그 시간에 집안 살림 살피셨지

적멸 속 어머니 사랑
달빛 타고 흐른다

그리운 소리 　제2부

가을 향기

재래시장 어귀의 꽃가게를 지나다가

절여진 여름 폭염 말갛게 우리려고

시원한
가을꽃 향기
국화 화분 안고 왔네

거울 속 친구

서른 해 전 데려온 애완용 거북이

오늘도 친구 찾아 거울 앞을 맴돈다

거울 속
자화상의 친구,
우정은 고귀하네

겨울바람

두두둑 창 흔드는 그대는 누구인가

낯익은 너였구나 차갑고 쌀쌀맞던

어제가 입춘이었지,
문지방에 봄이 왔네

너로 인해 따슨 기운 소중한 걸 알았고

자연엔 내일 위한 숙면 주어 고마웠지

이치는 맞물린 바퀴
독불장군 없구나

계절의 환승역

가을은 나뭇잎 끝에서 시작하여

가지 끝 이파리에 발그랗게 앉았다

청량한 물소리마저
가을 음색 노래한다

계절의 환승역에서 농부들은 잰걸음

숨 고를 시간 없이 해종일 가을걷이

햇살도 거들어 준다
영근 들녘 가을 결실

귀여운 참새

참새는 재잘재잘
귀엽기도 하지만

움직임 몸동작이
민첩하고 분주하다

조그만 소리마저도
소음으로 듣나보다

베란다에 뿌려 준
먹이들을 좋아하나

자동차 시동 소리
가벼운 문소리에

화들짝 날아오르니
방역 실천 최고야

그리운 소리
―퇴임 후 어느 날

조석朝夕으로 노래하는 까치들의 합창 소리

볕 따가운 한낮에는 들려오지 않으니

어쩌나,
목쉰 마음에
무릎 펴는 허전함

언제부터 젖은 마음 여운으로 앉았나

마음속 아른대는 귀동이들 웃음소리

낯익은
사랑 멜로디
창밖에 다시 왔네

기다리는 마음

겹겹이 어깨동무 능선 아래 계곡에

하이얀 안개들이 부둥켜 안고 있다

이렇게 어우러졌던
지난 시간 그립네

봄 오면 코로나19 봄 향기에 사라질까

울타리를 벗어나 자유로운 일상 되길

손 모아 기다리는 맘
온 국민이 한마음

까치밥

한겨울 나뭇가지 추위 속의 홍시 몇 개

씨앗 되어 꿈을 주려는 희망찬 생동감

찾아올
새들을 생각하며
발그레 웃고 있다

딱따구리 집짓기

산마을에 울리는 딱따구리 노랫소리

찬바람 지나가니 딱따구리 집 짓는다

이제야
내 세상 왔다
이 산 저 산 따다닥

날개를 달았으니 이리 날고 저리 날고

주변을 살펴봐도 장애물이 없구나

만만세,
도리도리 짝짜꿍
내 터전을 만드세

내 고향 좋아

풍성한 가을 결실 가로수에 과일들이

말간 얼굴 모과 형제 붉은 사랑 홍시들

남의 것 탐내지 않는
풍성한 맘 고향 좋아

앞밭에 나란히 화초 같은 배추들

시장 트럭 실려 가고 남겨진 뒹굴 배추

모두를 가져가시오,
인정 많은 고향 좋아

노을이 고와요

저녁노을 고운 것은 그리움이 담겨서다

밝게 만나 아름답던 그날의 고운 추억

아련한
밝은 미소로
사랑 가득 품고 간다

서녘 창 너머의 사랑의 여신이여

따스한 온기로 하늘빛 머금었네

그 품에
가슴 따스히
발갛게 안겨 본다

노인

구부린 등줄기에 흐르는 의연함은

쩡쩡한 세월 안고 쳐다본 시간에서

낮은 곳,
내려놓은 둥근 선
고귀한 삶의 곡선

돌탑

지난 시간 묵묵히 다듬으며 여기까지

몸피와 세월 만만滿滿 쌓고 또 쌓았는데

돌탑만 높직이 서서
눈길 자꾸 이끌 뿐

다듬어 걸었던 길 도달한 곳 어디인가

열심히 쌓았는데 미완성 그 자체

바르게 쌓아 왔지만
불완전한 저 돌탑

따스한 봄

봄 햇살이 고운 건 겨울강을 건너서다

차가운 한파도 매서운 칼바람도

설중매雪中梅,
그 모습에 감탄
합창한다 봄 노래

멋쟁이 담장

봄에는 개나리로 정다운 미소를

얼마 전엔 벚꽃으로 화사한 웃음 주니

너만 한 멋쟁이 디자이너 귀하고 귀하다

요사이는 정열적인 장미꽃 드레스에

싱그러운 걸음걸이 담쟁이 덩굴까지

너는야 새로움 창출하는 멋쟁이 중 멋쟁이

바다는 내 친구

내 마음에 회색빛 그림자 드리울 땐
푸른 바다 해송 숲길 말없이 걸어본다
마음을 가르는 혼돈, 갈매기와 벗하며

보고 싶은 자식 생각 그리운 맘 안다 하며
섬광 같은 눈빛으로 하얀 파도 다가온다
지나온 생손앓이의 그 상처를 동여매며

두 팔 들어 떨치며 모래밭을 걸을 때
발자국 파인 흔적 파도가 씻어 준다
가슴을 활짝 펴보라, 도닥이는 바다 친구

봄비 오는 날

뒤뜰의 나뭇잎에 경쾌한 빗소리

그 소리에 나래 펴고 다가오는 상념들

지나온 필름 속에서
빗방울에 투영된 너

힘차게 구르는 생명의 빗방울에

화창한 봄날의 아우성이 들린다

갈색의
그늘진 커튼 열어
숨찬 소리 날린다

사랑의 포만감

달려오는 잉어 무리 물살을 가른다

먹이 든 발소리 멀리서도 아나 보다

시장에
다녀오시는
엄마 소리 알듯이

먹이는 잉어만의 행복이 아니다

따라오며 먹는 모습, 내 자신도 포만감

뻐뻐끔,
무언의 정겨움
연못 위로 흐른다

새벽의 빛줄기

항구의 새벽 바다 서광의 빛줄기

무거운 구름 뚫고 곧게 뻗은 날개여

비상을 준비하는가
오늘이 열린다

어제의 뒷짐을 시나브로 풀어내고

내일의 힘찬 희망 파도 타며 솟았다

장하다
붉게 피는 바다여
댑바람도 덩더쿵

솔바람 명화

커피 거리 지나서 솔바람교橋 다다르니

거꾸로 자맥질, 물오리들 귀여워라

석양은
따스한 빛 두르고
물결 위에 누웠구나

끼룩끼룩 갈매기 무리 지어 은빛 춤을

강태공 낚시하는 여유로운 풍경도

한 폭의
솔바람 명화
여행 스케치로 걸었네

열어야 보이네

문 열고 나오니 앞마당에 가을 단풍
문 앞까지 온 손님 모르고 지냈네
일어나 걸어야 한다 열어야 보이네

뜰 아래 줄지어 선 화초 같은 배추들
싱싱하고 늠름함, 뉘 집의 기쁨일까
영그는 배춧속 보며 덩달아 기쁜 마음

배추 보고 배우네 속 가득 알토란
허접한 겉모습이나 단단한 속 고갱이
채워서 베풂을 실천하는 진정한 삶 보이네

정겨운 산천

설악 계곡 오랜 세월 고운 빛깔 단풍나무
줄지은 관광객이 탄성을 토해냄은
야산의 빛깔과 다른 오묘한 색의 조화

높은 비경 바라보며 도약 정신 물들였나
깊은 계곡 물소리로 거듭 닦은 윤기던가
인욕의 심지를 통한 투영된 빛색일까

경탄하며 쳐다볼 때 흐르는 흰 구름이
어쩌다 한 번 보아 경탄하는 것보다
가까운 앞산 단풍에 정들이라 하네요

창밖의 젊은 날
―카페 거리

노을 속 하얀 파도 수줍은 듯 감아 돌고

쪽빛 위로 갈매기는 인파들과 오가는 정

손잡은,
창밖의 카페 거리
젊은 날이 달려온다

한 권의 책

갈증을 삭이면서 내면 표상 끈에 꿰어

마음의 나래를 편 문인들의 깊은 샘물

비 온 후
아름다운 무지개
가슴 한편 보물들

삶의 빛

제3부

가는 정 오는 정

여름밤 해변가에 파도 타는 큰 개소리

폭염을 빗질하려 주인 따라 피서 왔나

그만한
사랑받는 건
가는 정에 오는 정

가을날의 산책

가을 햇살 길게 드리운 남대천 하류에

묵은 편지 갈대꽃이 바람 달고 웃습니다

물오리 왜가리 졸고
저 아래엔 갈매기 군무群舞가

친구에게 보내고픈 가을 햇살 가을 편지

강 내음 수양버들 품어 안은 물결 이야기

오래전
친구의 갈잎 편지
답을 쓰며 걷습니다

건강하세요
— 2020년 봄날에

달려가 얼싸안고 힘있게 웃고 싶다

지금은 아니야 사회적 거리두기

봄날도
파란 미소로
건강하라 격려한다

예전처럼 지인들과 여럿 모임 못하지만

지금쯤 일상에서 건강하게 지내시리

봄 향기
보내 드리며
마음 안부 전한다

고향의 정자亭子

퇴임 후 찾아본 고향 동산 정자에
가득한 옛 시조 제자리에 의연한데
솔숲이 낯을 가리어 바람을 일으킨다

세월을 돌고 돌아 그리운 고향으로
아버지 어머니 그리고 친척들
이 난간 쓰다듬으며 바라보던 저 석양

세월 가고 사람 가고 정자만 이리 남아
솔향기 그윽하게 지난날 새기었네
다시금 내 고향 찾아 감회에 젖어 본다

나 몰라라

청남대 산책길에 봉긋봉긋 철쭉 봉오리

뾰족한 입을 모아 무리 지어 수다롭다

몰라라
아는 것 없소
누워 있는 나무 밑둥

나누면 기쁜 마음

둘레길 돌다 보니 풀숲에 밤송이가

작년의 그 밤나무 벌써 익은 알밤들이, 아직은 예전같이 풍성하진 않아도 산책길 잔디 위에 뒹굴뒹굴 구르네
이웃 사는 손녀 같은 이쁜이가 생각나 밤알을 넣다 보니
내 맘부터 환한 미소, 달려오는 함박꽃 귀여운 이쁜이

나누면
맞닿는 기쁨
가슴에는 콧노래

넘치네

항아리에 김치 담고 뚜껑을 꼭 닫으니

김칫국물 위로 솟아 주변을 덮었네

과하면
넘치는구나
알맞게 채울 것을

독서 대전 그날에
— 시 낭송 시간

천년 세월 은행나무
마음을 휘감았다

시 낭송 그 운율
은행잎에 구르니

삶의 터 시장 사람들
어깨에도 꽃잎 핀다

등대

방파제 저 끝에 외로이 홀로 서서

오는 길 가는 길 정착할 곳 안내하네

빛으로
인도하시는
성스러운 님이여

물의 찬가

어느 곳에 다다라도 마다하지 않으며

어떤 그릇 담아도 그릇 모양 안고 웃는

그러나
물의 결정체
그 흐름 변함없네

장애물을 만나면 넘어서 흐르고

바닷물로 폭포수로 언제나 시원하게

흐르는
생명수여라
고결한 성품이여

백사장의 파도

남기고 떠나간 발자국 바라보며

살며시 덮으며 하얗게 기다린다

사랑의
이야기 남아
파도 소리 타고 있다

사랑의 빗줄기

희뿌연 바다 위로 하염없이 비 내린다

머금은 빗물로 해갈을 하려는가

그동안 절여진 갈증
파도도 울컥인다

맵짜게 되돌아선 너를 여기 되부른다

보고픈 이 마음을 이 너른 비로 씻어

그리움,
새순 틔우리
쓴 우산을 치운다

산국화

산책길 돌 틈 사이
청아하다 산국화

보듬어 거름 주고
물 주는 이 없건마는

가을날 밤송이처럼
길손 위해 기쁨 주네

삶의 빛

휘영청 보름달 항구의 오색 물결

선창이 들썩들썩 파도에 휩싸이고

어부가 뱃전에 서서 달빛을 휘감는다

가족 사랑 불빛 타고 두 팔에 솟는 힘

오늘을 정리하며 고단함은 물결 위로

화려한 불꽃놀이보다 아름다운 삶의 빛

새벽 바다의 사랑

흰머리 희끗희끗 바다는 어버이

영하의 새벽 바다 자식들을 품었네

심해深海에 잠든 생명체
품어 안은 행복감

원초적 질주 본능 달려갔다 밀려오며

생명체를 일깨우고 푸르름을 잃지 않고

바위에
부서지면서도
오체투지五體投地 품는 사랑

새장 속 풍경

기르는 새들보다 더 많은 참새들

밥통에 오그르르 자기들이 주인이다

주객이 전도되었네, 비켜 주는 양육 새

가끔은 소리 높여 자존심 소리 경쟁

오늘은 갈바람에 여유로운 기분인가

참새들 지켜보면서 너그럽게 빙글빙글

새해 해맞이

일 년에 한 번 보는 그리운 그 모습

먼 길을 멀다 않고 새벽 공기 차다 않고

희망의
새해 신기루蜃氣樓,
소원 안고 모였다

경포호 물결

경포호 수양벚꽃 그대에게 가고 싶어

저절로 기우는 몸 호수 물결 안아 준다

술 덜 깬 저녁노을도 나래 펴며 사랑 빛

시 낭송의 밤
—허난설헌

가을 향기 자욱한 명주 마당 초저녁

초희 생가生家 저 어디쯤 잠 못 드는 바람인지

별 무리
데리고 와서
시詩를 자꾸 여닫는다

아늑한 포구

발걸음 잡아 묶은 아늑한 포구에

된 여정 여미어 물결 위로 눕는 석양

갈매기 먼 산 그리워
파도 차며 날고 있다

갈 길 아직 이른지 낚싯줄 드리운 이

고깃배는 등불 켜고 물너울 밀어낸다

제각각 내일의 준비
희망 등이 환하다

옛 친구

안개빛 늦장마에 벗어 둔 푸른 옷을

바다는 오늘 아침 파랗게 걸쳐 본다

초여름
함께 웃었던
옛 친구가 그리워.

음악이 있는 아침

커튼을 열어젖혀 햇살을 안으며

음악을 통하여 하루를 시작한다

새싹에
물방울 구르듯
고운 소리 벗이여

잠자던 감성들이 기지개를 펴는 아침

파아란 새싹들이 날개 달고 달려온다

입춘이
엊그제였지,
싱그러운 날들아

차 한 잔

카페에서 차 한 잔, 명상에 젖는 시간

창밖의 파도는 어제를 밀어내고

파아란
새로운 내일
힘차게 몰고 온다

해묵은 질책들을 파도가 삭여 줄 때

가까이 묻어오는 향긋한 커피 향

이거야
산다는 것이
쓰고 달아 향긋해

여명

이른 시간 새벽에 대지가 잠든 시각
어둠을 밀어내고 우뚝 선 빛줄기
조용함, 현란치 않은 자태
어둠을 밟고 섰다

수평선 물결 위로 스스로를 불태워서
세상의 어둠을 천천히 닦아 낸다
그것은 평화의 공존
자연스런 승리다

어둠을 쫓으려는 격분이 아니고
이 세상 밝히려는 숭고한 한瀾마음
스스로 존귀한 광휘
어둠 품어 삭인다

그날의 기도

제4부

가을날의 항구

가을비 부슬부슬 내리는 그날에
주문진항 보고 싶고 등대가 보고 싶고
상큼한 횟감도 생각나서 해변 도로 달렸네

어민 시장 입구부터 팔딱 훅~, 물 뱉으며
싱싱하게 뛰노는 활어와 조개들
새큼한 초고추장에 군침 도는 그 시간

오가는 흥정에 덤도 듬뿍 어민 인정人情
현란한 가게 불빛, 부지런한 그물 손질
활기찬 어민 생활은 나에게도 활력소

감자밭

녹의홍상 차림하고 허리 질끈 동여매고

오뉴월 이 땡볕에 이슬 자아 가꾸는 꿈

어머니 호미질 끝에 알 알 열린 보석 별

결실의 행복

초목에 꽃 피며 새순 나는 봄날은
천진한 어린 시절 고운 색깔 동심 세계

녹음이
우거질 때가
푸른 꿈의 청년일세

새순은 이름표 달고 숲으로 우거지고
산천은 저마다의 고운 빛깔 향기롭네

싱그런
장년의 빛깔
가을 결실 행복하네

군자란

네가 우리 집 온 지 스무 해 되었구나

언제나 탐스러운 아름다운 꽃 피워

다정한 이야기 나누듯 방긋 웃음 주었지

몇 해 전 잎만 무성 꽃송인 두어 송이

이제는 잎끝도 말라가고 있구나

널 보며 생명의 순환 그 고리를 푼단다

그날의 기도

오늘은 저 하늘이 왜 저리도 파랄까
시린 마음 하늘 보니 파아란 눈물방울
두 손을 가슴에 모아 자식 위해 기도한다

하늘을 쳐다보면 맺히는 눈물방울
그 누가 이 마음의 짙은 적막 함께 할까
연기 속 잿빛 마음을 바람아 안아 가렴

무심한 여름 햇살, 가슴이 미이는데
내 마음 달래는 매미 소리 기운차다
힘차게 허물 벗으렴, 아름다운 날들아

꽃망울

설한의 갈색 무거움
한 올 두 올 풀고 있는

인내의 연분홍 미소
철쭉꽃 꽃망울 보며

등 뒤의
휘청거리는 나를
보듬어 세운다

낮달

　강렬한 빛 앞에서도 백자색 은은함이,

　이웃에게 도움 주려 준비하는 산 위의 낮달은 해맑고 소박한 사랑 아저씨 어둠이 오기 전 구석구석 살펴보고 칠흑 같은 밤이 무서운 이들에겐 더욱 밝은 얼굴로 찾아가려 일찌감치 떠올랐네 어두운 뒷골목엔 더더욱 밝은 빛을, 하루의 지친 걸음 조용히 안내하는

　지난날
　아버지 모습,
　이웃 걱정 도우셨지

너울성 파도

가까이 갈 수 없이 파도로 막을 치네

어제는 휘모리장단 오늘은 푸른 미소

태연한
넘실방실 파도
그 마음 알 수 없어라

이제껏 보아온 건 푸르른 멋진 바다

스스로 각인시킨 내 안의 해바라기

그러며
사는 것 아닌가요,
생각 따라 행복이

농촌 겨울잠

경강 철도 주변 마을
아담한 삶 그 자체로

겨울의 흰 눈 속에
농촌도 겨울잠을

엄마 품,
그 품에 안긴 병아리
자연의 평화로움

동창회

싱싱한 고등어 상자에 가득 담아
친구들 자동차에 실어 주는 동창생
이것이 바로 옛 친구
학창 시절 그때 마음

일 년에 한 번 만나 주고받는 이야기에
정한 주제 없어도 지난 얘기 반갑다
풋풋한 학창 시절이
일렁이는 노년으로

시간이 흘렀건만 이 순간이 학창 시절
장을 찍어 쌈을 싸며 친구 얼굴 반기는 날
세월의 등짐 나누며
재회를 약속하네

바다는 성모님

기쁠 때도 바다를 외로워도 바다를,

빗장을 걸지 않은 그 님의 모습 있어

따스한 그대 가슴에 살며시 안겨 본다

표류 중인 배 한 척 빛으로 인도하는

옥색 치마 청 저고리 성스러운 등대여

당신의 살가운 사랑에 생인손 나아가요

버리려던 조끼

오래되어 버리려던 조끼에 눈길 가네

날씨가 추워지니 마음 끄는 따슨 조끼

생각은
흐르는 구름
머무는 듯 가는구나

승화된 사랑

하늘이 바다 품고 바다가 하늘 품어

둘이서 하나 되어 앙금을 걸러 주며

상대의
아픈 마음을
도닥이고 있구나

우산도 쓰지 않고 그대로 젖어 들며

하늘의 빗줄기를 가슴으로 안고 있네

승화된
서로의 사랑,

물안개가 걷힌다

바다시 낭송회

고매한 낭송 시 파도 타고 흐를 때

해변로 솔잎들도 시 운율에 걸터앉고

꽃물결
따스한 시심詩心
솔향 타고 흐른다

양파 싹

베란다 양파망에
싱싱한 양파 싹

물렁해진 양파 껍질
어버이의 모습이…

지극한
부모님의 사랑,

그리움에 눈시울이

웃음소리

아이들의 자지러진 천진한 웃음소리

공간 속 닫힌 침묵 신선하게 튕길 때

그 소리,
깊숙이 박혀 있던
부정否定 파편 뽑아낸다

월파정

잡힐 듯 다소 먼 듯 경포호 품안에서

물소리 새소리 은은하게 품어 주며

오가는 임들을 위해 물안개를 감아낸다

영롱한 은은한 빛 잉태하듯 엮어 내어

단아한 햇살들로 물결 위를 수놓으며

바람에 흘린 세월을 되감으며 앉은 여인

추억 앨범
― 백사장의 파도

그렇게 우리는 다정하게 지냈다

그리워 달려오면
'따라와 봐' 뛰어 보고

걸음을 함께 하며 까르르르 웃었지

남기고 떠나간 발자국의 옛정을

살포시 덮으며 기다림을 부려놓고

파도는 하얀 추억 앨범을 해종일 넘겨본다

카페 풍경

바다가 보이는 창가의 테이블에

가족이 둘러앉아 독서하는 풍경이

서너 살,
오빠 곁 지켜 앉은
옹알이 여동생

흐르는 음악에도 변함없이 독서를

다정한 독서 가족 볼수록 흐뭇해

못 말려
아이들 관심,
지금이나 그때나

코로나19
— 2020년

세상이 회색이다
하늘은 맑은데

벼랑길 바위너설
밟고 선 심정들

숨겨진
열쇠 찾느라
세계가 분주하다

특이한 방생

시원한 파도와 목탁 소리 어우러진

해변을 걷다 보니 줄지어 선 사람들 한 마리씩 고기 담아
정성스럽게 방생을. 그 옆에서 목청 높여 염불하는 스님
조금 떨어진 곳 바위 위에 낚시하는 두 사람의 모습이,

특이한 방생이로다
고기 방생 사람 방생

일상의 아픔

속상할 일들이 생활사에 태반이나

속 끓임 일으키는 장본인은 내 마음

고통은
지나가리니
거미줄에 걸지 말자

내 마음에 자리잡은 부정 견해 없을까

일상의 감사함이 당연시 되었을까?

일어나
통점을 털며
들뜬 자리 접는다

홍등 감나무

짙은 색 감나무에 홍등이 조르르륵

화단의 화초처럼 자그마한 나무에도

가을 산천 발그레 홍등
복주머니 개락이다

겨울날 외할머니 술 항아리 홍시 가득

보듬었다 주시던 다홍 색깔 따스한 사랑

고향의 이곳저곳에서
홍등 밝혀 반긴다

화초 가꾸기

마음이 울적할 땐 좋았던 일 떠올린다
화초에 물을 주며 잎새를 닦아 주며
그러다 꽃 웃음에 취해 손놀림이 가볍다

푸르른 화초 잎에 투영되는 지난 일들
아이를 키우며 정성들인 그때처럼
다듬어 키우는 화초, 그 속에 향기 가득

매만지는 마음속에 평온한 힘 솟는다
푸르른 기운에서 얻어지는 희열감
그래서 자식 키우듯 화초를 보살핀다

흐르는 마음

제5부

고양이 산호

하얀색 털북숭이 고양이 산호는

꼬리를 세우고 가족 곁을 맴돈다

다정한
사랑 품었네
알려주지 않았건만

그날의 해갈

신나는 여름 햇살 타들어간 농작물에

죄스러운 이내 마음 어쩌나 기다린 하세월, 애가 타서
문전을 헤매 돌다 쌓은 돌탑 얼마인가 나 이제 너 앞에서
얼싸안고 기뻐하리 가슴 열어 보인들 무엇이 부끄럽나
마음껏 시원하게 휘저어라 초목의 함성 소리여

내리니 비가 내리니 해갈의 초록 노래

그리운 애완동물
―용구龍龜

용구가 놀던 자리 휑하니 비었구나
이틀을 먹지 않더니 간밤에 자듯이…
무어라 표현할 길 없는 그리운 맘 너 아냐

아픔의 고통을 알리지도 않은 채
힘차게 쫓아다니며 쳐다보던 귀염둥이
동절기 겨울잠 시기여서 안 먹는가 했구나

애완동물 빈자리 이렇게도 허전한데
혈육 잃어 아픈 마음 그 얼마나 허탈할까
가슴에 침 하나 꽂아 놓고 가버린 그림자

길가의 금계국

5월의 길가에 노란 웃음 가득하다

청명한 푸르름이 해맑게 빛나고

장미꽃 붉은 웃음과
조화로운 노란 미소

까르르 앙증맞고 천진한 웃음소리

물소리와 손을 잡고 길손을 반기네

도시의 공해와 소음
날려 주는 노란 웃음

나 언제 그렇게

남색 치마 쪽빛 저고리 상큼한 바다 물결
머나먼 길 쉴 틈 없이 숨 가쁘게 달렸어도
시원한 기쁨 안기며 휴식 주는 그 모습

강가의 물오리 왜가리 갈매기
추위와 외로움도 말없이 내려놓고
언제나 우아한 자태 여유로운 그 마음

평온한 모습 뒤 질퍽한 고단함도
말없이 삭여 안은 평화로운 그 영혼
나 언제 걸러낸 자태 그렇게 되리오

낙엽

겨울빛 손짓하면 가을 단풍 깊은 내공,

지난 기억 물들이며 사진첩을 정리한다

갈 곳을
묻지 않으며
젖은 시간 솎아 낸다

노을빛 시간

팍팍했던 지난 시간 표류하는 배와 같이
걸러내도 걸러내도 상념들의 매듭들로
회색빛 뒹구는 낙엽 되새김을 했었지

설익은 희망 안고 하나둘 이뤄 보려
갈증의 푸른 시간 화살처럼 보냈네
지나간 젊은 날 표류 석양으로 흐른다

산 위의 노을이 터질 듯이 곱구나
오늘도 따슨 햇살 창가에서 웃을 때면
앨범 속 쟁여 둔 미련 하나둘 날려 본다

달맞이
― 한가위

소원을 담아서 포개진 간절한 손

한가위 둥근달은 만사형통 해결사

꿈꾸라
이루어진다,

구름도 비껴가요

바다 이야기
―경포 바다

달려왔다 달려가고 웃음 주다 사라지고

혼자 아닌 어깨동무 파도의 넘실거림

반갑다 서로 어울린 하얀 노래 파도여

행복 찾아 찾아온다 빛 고운 경포 바다

갈매기도 반기누나 솔잎 향도 반기누나

백사장 고운 이야기 경이로운 새벽 일출

밤섬의 파도

이산가족 상봉 위해 묵고 가던 밤섬 마을

하얀 파도 쏴~아 얼싸안고 기쁜 마음

그리움,
보고 싶었네
온밤을 지샌다

벚꽃 나들이

세월을 등에 업고
무거워진 몸과 마음

청풍호 푸른 물에
천천히 닦아 내며

벚꽃들
흥겨운 춤에
내 어깨도 싣는다

보내는 가을

아쉬운 가을 향기 글 속에 남기려고

누운 햇살 창가에 펜 들고 앉아 본다

따스한
가을 냄새가
펜 끝으로 다가오네

가을의 그윽함을 단풍잎에 그리고

보내는 아쉬움을 노을빛에 써 본다

창 너머
가을빛 석양
저리도 곱구나

봉사의 천사들
— 2020년 여름

받는 기쁨 그보다도
주는 기쁨 큰가 보다

방역복 속 땀방울
이웃 향한 사랑을

영상 속
그 모습 보며
내 자신을 성찰한다

산마을 친구

먹먹한 마음일 땐 창밖을 내다본다

거기엔 바다의 파아란 눈망울이 편안하게 누워 있고 사철 변함없는 푸르른 소나무의 싱그러움이 나를 맑힌다. 베란다엔 참새들이 귀여운 소리로 모여 오니 먹이를 주면서도 신기하고 기쁜 마음이다. 참새는 경계심이 많은가 낮은 소리에도 후다닥 날아가네. 자리를 비켜 주려잉어 먹이 들고 산책길로 나선다

산마을
초목과 동물
우린 모두 친구여라

섬 하나

고향을 지키며 떠나지 못하는

그 사람 자태같이 오롯이 한 곳에

바다의 갈매기들을 친구 삼아 앉았다

부대끼는 바위너설 출렁이는 파도를

쓰다듬어 앉히며 적막함을 노래하며

그러다 파도를 끌어안는 섬 하나의 눈시울

실개천 나들이
― 별내마을

별빛이 흐르는 실개천 정겨운 곳
물오리 한 쌍이 평화롭게 앉고 서고
친구인 하얀 왜가리 그 옆자리 지킨다

한여름 초목 아래 모여 모여 싱그럽던
낮은 곳의 풀꽃들 잠자리와 아쉬운 정
늦가을 햇살 받으며 송사리도 일광욕

태곳적 평화의 별을 품고 흐르는
고요한 물소리 별 마을 실개천에
만삭의 가을 햇살이 나들이를 즐긴다

여름을 보내며

개울가 갈대꽃이 창공을 쓸고 있고

재잘재잘 참새 떼가 주막 문을 들락날락

아, 저쯤
여름이었나
옷깃 여며 잡는다

잉어 밥

뒤뜰의 잉어 연못, 내 식구로 생각되어

사랑 담은 먹이 들고 잉어 찾는 발걸음

한 아름
행복한 마음
젖 물리는 어미 마음

초봄의 빗소리

창가에 구르는 경쾌한 빗방울

마른 땅 목마름의 아우성 들었나 봐

그 소리
대지를 뒤흔들어
새싹들이 움직인다

갈색의 대지는 홍조 띤 새악시

새싹을 잉태할 윤기가 흐른다

초목은
연둣빛 수를 놓을
준비를 하고 있다

카톡 인사
― 거리두기(코로나19)

고요하고 적막한 잔디밭 정원에

문안 인사 햇살이 뜨락에 앉는다

계세요~
카톡 속의 지인들
만난 듯 반갑다

태풍

며칠 동안 저 바람 질주 본능 펴면서
혼돈의 미로 속을 달리고 있구나
목마른 해묵은 울컥함을 토해 내고 있는가

행여나 깊은 멍울 가슴에 있다 하여
휘저어 으깬다면 빗나간 방점인 걸
숨 한 번 크게 쉬고서 부드럽게 지나가렴

어이해 알찬 결실 아픔 주려 하는가
너만큼, 상심 없이 지낸 사람 있으랴
모두를 내려놓은 마음, 평화롭게 지나가렴

한결같아라

언제나 고운 소리 새들의 맑은 소리

때와 장소 바뀌어도 한결같은 그 마음

살면서 속상한 일도 겪으면서 지내련만

흐르는 마음

바람이 부는 건 흐르라는 것이다

갇혀진 생각에서 굳어진 몸짓에서

화르르
꽃잎 내리듯
풀어서 날리란다

신민숙 시인의 시조 세계 | 해설

[해설]

자연을 통한 긍정의 미학
―신민숙 시인의 시조 세계

남진원 | 시인, 문학평론가

  신민숙 시인은 내가 교육문화관에서 만난 분이다. 몇 년 전 그곳에서 문학 동아리 활동을 하였는데 함께 참여한 분이었다. 이미 그 당시 신민숙 시인은 문단에 등단하셨고 시조집까지 내신 분이었다. 그 뒤로 후조문학회 회원으로도 같이 활동하고 있다.
  이번에 또 시조집을 내신다고 하면서 원고를 보내오셨다. 작품을 읽으면서 깜짝 놀랐다.
  70을 가까이 둔 문인이면서 시의 기상은 젊은 시인의 마음이었다. 그런 시심이 여간 반가운 게 아니었다.
  그의 시조 〈음악이 있는 아침〉을 보면 특히 그렇다.

커튼을 열어젖혀 햇살을 안으며

음악을 통하여 하루를 시작한다

새싹에
물방울 구르듯
고운 소리 벗이여

잠자던 감성들이 기지개를 펴는 아침

파아란 새싹들이 날개 달고 달려온다

입춘이
엊그제였지,
싱그러운 날들아

—시조 〈음악이 있는 아침〉 전문

  늘 싱그럽게 살아가는 모습이 젊은이 못지않게 아름답다. 시를 쓰기 위해 불러 모은 시어들인 '커튼, 음악, 햇살, 새싹, 물방울' 등의 시어에서 감지할 수 있듯이 참신하고 아름답다. 이 작품을 읽고 있으니 문득 전에 쓴 내 동시가 생각났다.
  "나는 아침마다/ 창을 닦는다∥ 아기 곰돌이가 사는/ 내

방에/ 맑고 깨끗한 햇빛을 들이기 위해서"

유리창을 닦을 때는 기쁨으로 가득 찼다. 방 안에 깨끗한 햇빛이 들어오는 걸 생각하기 때문이었다. 신민숙 시인의 시조 〈음악이 있는 아침〉이 그래서 더욱 공감이 갔다.

아침에 일어나서 커튼을 연다. 창문 밖에서 밤 내내 기다리던 사물들이 한눈에 들어온다. 햇살이 들어오고 음악이 들려온다. 새롭고 싱싱한 감성들이 물밀듯이 스며들고, 새싹은 날개를 달고 달려오는 아침이다. 행복을 품고 살아가는 시인의 마음을 읽을 수 있다.

시가 삶의 원천이 되지는 않더라도 시인에겐 각별한 것이다. 누구나 다양한 사물을 보면서 일상을 살아간다. 그러나 사물을 인식하는 방법의 차이는 매우 다르다. 특히 철학자나 과학자, 예술가들은 그런 면에서 매우 뛰어난 지성이나 감성을 가졌다고 할 수 있다.

모든 사람들에게 느낌이나 놀라움을 가지라고 강요할 수는 없다. 그러나 풍부한 감성이나 지성은 인생에 있어 행복하게 살아가는데 필요하고 충분한 조건일 것이다.

작품 창작의 경우, 시를 쓰는 시인이나 작가들이 모두 즐거운 환희를 노래하지는 않는다. 시대나 환경에 따라서 슬픔이나 비애를 그려 나가는 측면도 있다.

즐거움을 표출하든 비애를 나타내든 그건 작가에게 선택된 몫일 것이다.

신민숙 시인의 경우에는 작품 전편에 흐르는 긍정의 힘

을 발견한다.

 코로나19
 무거운 맘,
 뒤뜰로 나가 본다

 새소리는
 청량하고
 온갖 꽃이 활짝 웃네

 고맙다
 변함없는 대자연
 너희 보며 힘낼게
  ―시조 〈고마운 대자연―2020년 봄〉 전문

요즘 젊은 층에서의 자살률이 늘어나고 있다는 보도를 심심치 않게 듣는다. 젊은 층에서는 코로나19로 인해 사람 사이의 거리두기가 지속되다 보니 우울감이나 무력감이 심하게 급증하고 있다. 이런 결과는 극단적인 선택으로 이어지고 있다. 산림청에서는 산림 치유 정책을 펴기도 한다. 산이나 숲을 자주 이용하는 사람들은 상쾌한 공기를 마시게 되어 우울함이 해소되고 즐거움은 배로 늘어난다는 것이다.

위의 시조 〈고마운 대자연〉을 읽으면 치유의 숲을 거니는 느낌이다. 뒤뜰로 나가면 청량한 새소리와 활짝 웃는 꽃들의 이야기를 들 수 있다. 그 모습을 보며 코로나19를 이길 수 있도록 힘을 내겠다는 것이다. '이 같은 좋은 시조를 젊은이들이 많이 읽었으면 얼마나 좋을까?' 하는 생각이 들었다.

    겹겹이 어깨동무 능선 아래 계곡에

    하이얀 안개들이 부둥켜 안고 있다

    이렇게 어우러졌던
    지난 시간 그립네

    봄 오면 코로나19 봄 향기에 사라질까

    울타리를 벗어나 자유로운 일상 되길

    손 모아 기다리는 맘
    온 국민이 한마음
                    —시조 〈기다리는 마음〉 전문

함께 어우러지며 기쁨과 아픔을 나누던 그 시절이 먼 옛

날처럼 느껴진다. 코로나19가 가져온 안타까움이 일 년을 넘기고 있다.

'코로나'라는 울타리에서 벗어나 모든 사람들이 마음 놓고 모여 웃고 떠들던 그 시절이 다시 올 것인가? 이런 불안함이 시조 〈기다리는 마음〉에 담겨 있다. 시인 개인의 마음이라기보다 모든 사람의 마음일 것이다. 시조를 통해 현시대의 아픔을 그려내는 시인의 책무를 피부로 느낄 수 있다.

시조 〈긍정의 동그라미〉에서도 그런 이미지를 읽을 수 있다.

빗방울이 연못에 동그라미 그린다

언제나 같은 마음 가위표는 없지요

한 개만 그리지 않고 겹으로 동글동글

부정의 마음은 내려올 때 버렸어요

다양한 넓은 세상 제각각 아름답네

일곱 색 무지개처럼 어우러진 조화로움
　　　　　　　　　　　－시조 〈긍정의 동그라미〉 전문

내리는 빗방울을 응시하는 시인의 시선이 부정보다는 긍정의 힘을 머금고 있다. 빗방울이 연못에 내리는 그 모습은 언제나 동그라미뿐이다. 그곳에서 발견해내는 긍정의 힘은 아름다움을 만드는 원천이 될 수 있음을 시적 언어로 그려내고 있다.

언제나 고운 소리 새들의 맑은 소리

때와 장소 바뀌어도 한결같은 그 마음

살면서 속상한 일도 겪으면서 지내련만
—시조 〈한결같아라〉 전문

시조 〈한결같아라〉에서도 발견의 힘을 볼 수 있다. 새들의 밝은 소리가 내부를 흔들어 깨운다. 한결같은 새소리의 맑음에 대한 발견은 범상한 일이 아니다. 모두가 듣는 새소리이지만 독특한 마음의 귀를 열고 있는 것이다.

 빗방울이 연못에 내려와 가위표 없는 동그라미를 그리는 것과 새소리가 한결같은 밝음과 맑음의 소리를 내고 있는 것을 발견한다는 것은 신민숙 시인이 아니고는 할 수 없는 일이다. 그것은 인간의 고뇌를 해결할 수 있는 귀한 자연의 열쇠이다. 많은 사람들이 떨어지는 빗방울을 보고 새소리를 듣고 살지만 신민숙 시인의 마음처럼 귀한 것들을 발견하기는 힘들다. 신민숙 시인만이 갖고 있는 시인의 공감 능력이다.

이러한 긍정의 힘은 자연물에 대한 교감으로 연결된다. 〈대청호 기행〉과 〈손짓하는 바다〉에서 자연과의 교감은 즐겁기만 하다.

대나무 숲 지나니 산철쭉이 노래하고

황매화는 손을 잡고 제라늄은 콧노래

때 이른 단풍나무잎 가을 악수 청하네

돌다리 위 공원엔 지난해 낙엽들이,

소나무 사이사이 대청호의 잔물결 보며

정자에 걸터앉으니 그 옛날의 선비여라
―시조 〈대청호 기행〉 전문

소녀 같은 천진함과 담백한 아름다움이 시의 구절마다 묻어 나온다. 자연은 늘 편안함과 휴식, 일할 수 있는 용기와 힘을 준다. 그런 자연의 미에 동화되고 교감하며 욕심 없이 살아가는 시인의 모습이 그대로 한 폭의 자연이다.

문학은 인간의 욕망에 대해 예리하다. 끝 모를 인간의 탐욕에 대한 이야기는 고대의 신화 시대부터 현대문명이 극성을 부리는 지금도 유효하다.

그리고 끝내 욕망은 늘 지나침으로 파국을 맞게 되어도 뭇 인간은 벗어나지를 않는다. 욕망은, 허망하기조차 한 미래를 달콤함으로 받아들이게 하기 때문이다. 그러나 시인의 노래는 물질의 속박에서 자유로울 수 있다. 그 힘이 바로 자연 속에서 노래하고 스스로 자연이 되는 것이다.

시조 〈손짓하는 바다〉에서는 바다 옆에 사는 즐거움을 노래한다.

창가로 들어오는 푸른 바다 이곳에
살고 싶어 결정한 건 손짓하는 바다 물결
그 외엔 무조건 합격, 끌림이란 간단하네

해변 도로 소나무와 그윽한 달빛 물결
돛단배와 갈매기 백사장의 하얀 파도
때로는 바다 속울음 그것까지 아름다운

드넓은 수평선의 푸르름이 손짓하니
먹먹할 땐 비상하는 갈매기로 달려갈게
정다운 오래된 친구, 그 빛깔 그 맛이야

―시조 〈손짓하는 바다〉 전문

좋은 시를 구성하는 요소는 주제의식과 시어의 적절한 배합을 요구한다. 시어와 시어의 조화로운 배열은 주제를 효과적으로 드러내는 것임은 두말할 나위가 없다. 시인은 무엇인가를 전달하기 위하여(그것이 자기 자신을 향한 것이든, 타인을 향한 것이든 간에) 광활한 언어의 숲을 헤치는 유목민과 같은 존재라고 할 수 있다. 그렇기 때문에 시인은 어느 때엔 모든 것을 훌훌 벗어 던지고 방랑의 길을 떠나기도 하고 어느 때엔 깊은 침묵 속으로 들어가 낯선 세계를 만나면서 언어의 탐색을 시도하기도 한다.

시詩는 없는 일을 꾸며내는 것이 아니라 깨닫지 못한 진실眞實을 발굴하여 정직하게 말하는 것이다. 시에 있어서의 진실은 그 시인이 처한 구체적이며 체험적인 생활과 밀착됨을 감지하게 된다. 따라서 시의 주제는 풋풋한 생명의식이 있어야 하고 신화적 감성이 내재되어야 한다. 또한 신선하고 날카로운 지성이 번뜩여야 좋은 주제라고 할 수 있다.

시조 〈손짓하는 바다〉에서 보듯 '바다'를 보는 구체적인 체험이 생활에 밀착되어 바다 친화적인 작품을 탄생시켰다. 시조의 구와 구, 장과 장을 연결하는 이음새가 아주 자연스럽고 매끄럽다. 바다에 대한 끌림이 사랑으로 이어지고 그것은 마음의 환희심으로 다가왔기에 이 작품을 통해 건강한 작가의 생명의식을 느낄 수 있다.

신민숙 시인의 작품에는 자연친화적인 작품이 다수를

이루고 있다. 그러나 자연을 통해 단순한 재미와 즐거움만을 토로하지는 않는다. 감사와 사랑 지족知足의 삶을 표현한 시조들을 읽으며 내면의 의식을 예측할 수 있었다.

항아리에 김치 담고 뚜껑을 꼭 닫으니

김칫국물 위로 솟아 주변을 덮었네

과하면
넘치는구나
알맞게 채울 것을

—시조 〈넘치네〉 전문

사람들이 살다 보면 분수에 어긋나는 일들이 어디 한둘이던가. 김칫국물이 넘치는 모습을 보면서 지족할 줄 아는 지혜의 삶을 시 속에 응축시켜 놓았다. 작은 일이지만 큰 언어의 말임을 알 수 있다.

방파제 저 끝에 외로이 홀로 서서

오는 길 가는 길 정착할 곳 안내하네

빛으로

인도하시는

성스러운 님이여

—시조 〈등대〉 전문

  시조는 3장이란 특수성이 있으며 특수성은 기승전결의 보편적인 흐름이 있다. 시조의 흐름을 물길에 비유할 수 있다. 물길이 처음 시작될 때를 '기'라고 하며 물길의 유유한 흐름을 '승'이라 한다. 그러다가 변화의 수를 만난다. 당황스럽고 긴장감이 서리고 헤쳐 나가야 할 결단이 서는 곳, 이것이 '전'이다. 마치 물길이 폭포수를 만나 곤두박질쳐야 하는 경지가 그런 것이 아닐까. 그 다음에 다시 평온을 찾아 조용히 흐르며 잦아드는 것이 '결'. 이것이 시조의 흐름이다.

  위의 시조에서는 종장의 첫 어절인 '빛으로 인도하시는' 이 부분이 '전'에 해당한다. 이 작품은 기승전결에서 '전'이 묘미를 불러왔기에, 평범한 듯 보이지만 색다른 맛을 띠고 공감을 불러일으키고 있다. 바다에 외로이 서 있는 등대는 밤을 인도하는 성자의 모습이다. 우리가 사는 곳에는 등대같이 묵묵히 살아가는 사람들이 많이 있지 않을까. 그런 상상력을 불러일으키는 좋은 작품이다.

  이번 시조집에서 자식에 대한 어버이의 사랑이 그려진 작품을 보고 감동이 전해져 왔다.

  신민숙 시인은 바다에 관한 시들이 많았다. 바다의 푸르름과 싱싱함이 묻어나는 시편들이었다. 또한 바다를 은유적으로 표현하여 곡진한 어버이 사랑을 떠올리게 하였다.

흰머리 희끗희끗 바다는 어버이

영하의 새벽 바다 자식들을 품었네

심해深海에 잠든 생명체
품어 안은 행복감
— 시조 〈새벽 바다의 사랑〉 부분

바다를 소재로 하여 짧은 시형詩形에 어버이의 사랑을 함축적으로 담았다. 또 시조 〈양파 싹〉을 통해서도 진한 부모의 정을 느끼게 한다.

베란다 양파망에
싱싱한 양파 싹

물렁해진 양파 껍질
어버이의 모습이…

지극한
부모님의 사랑,

그리움에 눈시울이
　　　　　　　　　　　—시조 〈양파 싹〉 전문

　시조의 시적 확장이 자연 경물에서 내면의 확장으로 이루어진 작품들도 있어 다양한 시세계를 만날 수 있었음은 큰 기쁨이다. 작품 〈잉어 밥〉이다.

　　뒤뜰의 잉어 연못, 내 식구로 생각되어

　　사랑 담은 먹이 들고 잉어 찾는 발걸음

　　한 아름
　　행복한 마음
　　젖 물리는 어미 마음
　　　　　　　　　　　—시조 〈잉어 밥〉 전문

　동물을 하나의 가족으로 여기고 잉어의 밥을 주러 가는 즐거움이 시 속에 있다. 마치 맛있는 먹을 것을 사들고 자식을 찾아가는 어머니의 마음 같았다. 그 즐거움은 얼마나 깊고 넓을까. 그것을 이미 시조 속에서 나타낸 이미지에서 살펴보았다.
　작품 〈잉어 밥〉에서 한 걸음 더 확장된 작품이 〈산국화〉이다.

산책길 돌 틈 사이
청아하다 산국화

보듬어 거름 주고
물 주는 이 없건마는

가을날 밤송이처럼
길손 위해 기쁨 주네

―시조 〈산국화〉 전문

시조 〈잉어 밥〉이 잉어의 먹이를 주러 가는 자식에 대한 정 같은 것이라면 시조 〈산국화〉는 한층 시적 사랑을 확장시킨 작품이다. 가을날의 밤송이들은 모든 사람들, 즉 길손을 위해 기쁨을 주는 사랑의 모습을 보이고 있는 것이다. 어찌 보면 단순히 밤나무에 달린 밤송이가 가을이 되어 익어 가는 모습이다. 그러나 시인의 눈을 통해 이처럼 거대한 사랑의 메시지를 전하고 있는 것이다.

나는 신민숙 시인의 시조가 재미있고 즐거워서 전체를 탐독하였다. 작품 전체에 흐르는 낭만과 기쁨 자연에 대한 사랑 등이 이 시집의 전체를 흐르는 시적 패턴이었다. 그런데 유독 시조 한 편이 내내 아픔으로 전해져 왔다.

오늘은 저 하늘이 왜 저리도 파랄까

시린 마음 하늘 보니 파아란 눈물방울
두 손을 가슴에 모아 자식 위해 기도한다

하늘을 쳐다보면 맺히는 눈물방울
그 누가 이 마음의 짙은 적막 함께 할까
연기 속 잿빛 마음을 바람아 안아 가렴

무심한 여름 햇살, 가슴이 미이는데
내 마음 달래는 매미 소리 기운차다
힘차게 허물 벗으렴, 아름다운 날들아

―시조 〈그날의 기도〉 전문

 위의 시조는 자식에 대한 아픔을 형상화하였다. 덧붙여 간절한 희망의 끈을 놓지 않고 있다. 신민숙 시인의 장점은 어떤 어두운 환경이 와도 그것을 극복해 내려는 에너지가 있었고 그것은 작품의 끝 부분에 암시적이지만 희망으로 제시하고 있었다. 그런 점은 삶을 건강하게 지킬 수 있는 아바타 같은 것이라고 느껴져 기뻤다.
 글이 좀 길어졌다. 글을 마무리할 때가 되었다.
 신민숙 시인이 쓴 오늘의 시조 작품이 어쩌면 21세기 산업 문명 시대에 큰 역할을 할 수 있으리라는 믿음이 간다. 순수한 서정 시조가 많은 사람들의 영혼을 아름답게 하는 영약이 될 수 있기에 하는 말이다.

내 안의 너

발행 | 2021년 8월 16일
지은이 | 신민숙
펴낸이 | 김명덕
펴낸곳 | 한강출판사
홈페이지 | www.mhspace.co.kr
등록 | 1988년 1월 15일(제8-39호)
주소 | 서울시 종로구 인사동11길 16, 303호(대형빌딩)
전화 02) 735-4257, 734-4283   팩스 02) 739-4285

값 11,000원

ISBN 978-89-5794-479-0 04810
　　　978-89-88440-00-1 (세트)

※저자와의 협약에 의해 인지는 생략합니다.
※이 책의 저작권은 저자와 본 출판사에 있습니다.